阿里人的答案书

The Answers of Aliren

阿里巴巴组织文化 著

中信出版集团 | 北京

图书在版编目（CIP）数据

阿里人的答案书 / 阿里巴巴组织文化著. -- 北京：中信出版社, 2021.2（2023.10重印）

ISBN 978-7-5217-2404-2

Ⅰ. ①阿… Ⅱ. ①阿… Ⅲ. ①电子商务－商业企业－企业文化－杭州 Ⅳ. ①F724.6

中国版本图书馆CIP数据核字（2020）第213303号

阿里人的答案书

著　　者：阿里巴巴组织文化

出版发行：中信出版集团股份有限公司

（**北京市朝阳区东三环北路27号嘉铭中心　邮编　100020**）

承 印 者：北京通州皇家印刷厂

开　　本：787mm × 1092mm　1/32　　印　　张：6　　字　　数：62千字

版　　次：2021年2月第1版　　印　　次：2023年10月第2次印刷

书　　号：ISBN 978-7-5217-2404-2

定　　价：48.00元

序言

马老师说，在阿里巴巴，我们不承诺你升官发财，但承诺你一肚子的委屈。

我们在这里哭过、笑过、兴奋过，也失意过。很多时候，没有什么掌声，反倒有一堆纠结和眼泪。重要的不是别人的掌声，而是有没有成为更好的自己。

聪明、皮实、乐观、自省的阿里人，用日常生活中的点滴体会，创造出了属于我们自己的“方言”——阿里土话。它很土很生猛，但蕴含着朴素的道理。

这本书是所有阿里人对于梦想、努力、极致以及成长的追问和答案。

当你觉得不开心、痛苦，甚至沮丧的时候，不妨打开它，也许你会有不一样的领悟。

If not now, when? If not me, who?

此时此刻，非我莫属。

1999年农历春节刚过，马老师召集了17个小伙伴，在杭州湖畔花园小区里，开了一场动员会。

后来，我们在《钱江晚报》上发了一条招聘广告。

招聘广告语有一句英文：“If not now, when? If not me, who?”（此时此刻，非我莫属。）这像是一个开放的问题，又像是自问自答。

这份英雄帖的背后，是阿里人“舍我其谁”的使命感和责任感，这就是身为阿里人的胸怀和斗志。

Every Aliren's greater responsibility: for country and for the world

阿里人
必须要有
家国情怀、
世界担当。

这是在阿里巴巴18周岁的成人礼上，马老师对全体阿里人提出的要求。阿里最大的价值，不是利润和规模，而是责任和担当。阿里人未来必须要有“家国情怀”和“世界担当”，只有考虑自己的家，考虑这个国家，考虑这个社会，考虑世界的担当，阿里巴巴才会赢得尊重。

这是一个波澜壮阔的时代，我们愿报之以波澜壮阔。

Dreams alone will
not get you very far,
but you must have a dream
if you want to go the distance.

梦想
不足以让你
到达远方，
但是到达远方的人
一定有梦想。

梦想是个很有趣的词，以梦为开端，却要在现实中完成一切。梦想可能很难实现，但是不要让任何人偷走你的梦想。因为没有梦想的人，就像一艘在海上飘荡的小船，没有方向，没有目标，那么任何方向刮来的风，都会是逆风。

梦想不会发光，但每一个追梦的人会发光。有了光，才有了远方。

Dreams are
what you desperately want,
even in your sleep.

梦想
就是做梦
都在想。

什么是梦想，梦想就是做梦都要想。我们的工作是做梦都要想的，就像你身边的那个人就是你做梦都要想的人。

如果一辈子没有茶不思饭不想地想要一件东西，本身就是一件挺遗憾的事情。人生难得痴迷，当你老了，回忆往事，那些浮上心头的片刻，未必是你最喜欢的，但一定是你努力追求过的。

Don't just hope for a dream; make the dream.

不仅要做被梦想激励的人，更要做造梦者。

梦想，本质是源于不断为客户、伙伴创造价值的自我驱动。要追梦，更要造梦，而不仅仅是做被梦想激励的人。

为什么要“造梦”？

因为跟着人家的曲谱，弹出来的永远是别人的歌曲。

敢造梦，才能拥有属于自己的乐章。

To attain the ideal,
turn everyone's dreams into
a common aspiration.

理想是一群人把
每个人的梦想变成
共同的理想。

追逐梦想的路上，不要孤军奋战。你要找到一帮人和你共享这个梦想，或者找到有共同梦想的一帮人。你们在一起，把每个人的“我的梦想”变成“我们的梦想”“我们的理想”。只有这样一帮人走在一起，相互支持，不断为他人创造价值，为未来创造价值，才走得久，走得长，走得远。

We can lose everything
except for our ideals.

我们可以
失去一切，
但是不能失去
理想主义。

这个世界上，每一个人，每一家公司都需要清楚地知道自己有什么、要什么、放弃什么。这个世界上永远会有公司比我们更赚钱，永远会有公司比我们的商业模式更好。阿里巴巴的最大价值就在我们对理想的追求和为客户创造价值上。因为理想主义，阿里巴巴才能走到今天。所以，我们可以失去一切，但是不能失去理想主义。

Customers first,
employees second,
shareholders third.

客户第一，
员工第二，
股东第三。

我们信奉“客户第一，员工第二，股东第三”。

阿里巴巴的价值永远存在于我们为客户创造的价值和对梦想的追求上，“客户第一”永远是我们的最高信条。

“员工第二”，指的是同学们不断地努力，不断地创新创造，阿里才能不断地为客户带去更好的产品和服务。我们希望越来越多的优秀年轻人能够加入阿里，在这里创造价值，得到成长。

“股东第三”，第三只是个排序，我们当然respect（尊重）股东，没有投资者，阿里巴巴不会有今天。我们会倾听股东的建议，同时综合客户、员工、股东以及整个社会的利益，来判断，来行动。

Customer value defines strategy.
Behavior reflects culture.

战略就是
客户价值，
文化就是
言谈举止。

战略就是客户价值。战略不能离开“客户价值”这四个字，战略如果最终不能服务于客户价值的话，就都是空话。

文化就是言谈举止。今天我们怎么对待别人，怎么对待一件事情，怎么去做一个决定，背后全都是价值观。文化根植于内心，是无须提醒的自觉。

When customer experience is not good, everything comes to naught.

客户体验就是000000前面的1。

今天阿里的业务很丰富，很多事情做得也很大，但是所有这些事情都是000000……，前面的那个1就是客户体验。

Small is beautiful. Small is powerful.

“小”可以很美，也可以伟大。

阿里巴巴看到小的力量，相信小的伟大，欣赏小的美好。我们就是从湖畔花园里的一家小公司起步，慢慢走向世界舞台的。这么多年，我们一直在用自己的点滴努力，帮助中小企业、帮助年轻人，为世界创造微小而美好的改变。

“小”可以很美，也可以伟大，一滴水也可折射太阳的光芒。

把幸运种子
种到别人身上去，
你才会有幸运。

You can only be lucky
once you plant
the seeds of luck into others.

阿里能够做到今天的规模和地步，很多时候是因为我们是一家幸运的公司。

如何能有这份幸运，并且持久地保持下去？一句话，要把幸运的种子种到别人身上去，种到客户身上去，种到合作伙伴身上去，种到社会里其他人身上去，让别人幸运，我们才有幸运。

Bring small yet beautiful changes to the world.

给世界带来
微小而
美好的
改变。

从沿海的中小企业，到淘宝上一家家小小的商户，到商户手中一张张小小的支付宝收款码，到阿里云上年轻的创业公司，到文娱给世人带去的每一份欢笑……

我们自诞生的那一天起，就专注在小小的地方。我们做的事情，没有那么惊心动魄。

我们希望让这个世界因为我们的努力，有一些微小而美好的改变。

这些小小的事情，让我们很踏实，很有成就感。

我们希望，世界因为我们的努力而变得美好，不是因为阿里有多强大，而是因为每一个看似力量微小，却总是期待世界变得更好的阿里人。

因为相信，所以看见。

Believing is seeing.

耳听为虚，眼见为实。但很多时候，我们除了看见，还需要相信，这个东西叫信念。绝大部分的人是因为看见，所以相信，很少部分的人是因为相信，所以看见。阿里人永远相信未来，正是因为相信，我们才有今天。

因为相信未来不可惧，所以愿意去经历。因为相信未来比想象的更加广阔，所以愿意坚定执着地走下去，当我们跨过山河湖海，终会看见。

What can be clearly defined today is not the future.

今天能够定义清楚的东西都不是未来。

未来靠想象，但有时更是一种理想，你永远无法知道互联网未来的样子。

今天能够定义清楚的东西都不是未来。1999年，我们就知道互联网会发展，电子商务会发展，但是我们没有想象到电子商务、互联网会发展成今天这个样子。而阿里的运气又那么好，有幸在这个发展过程中做出了巨大的贡献。当年，我们再能想象，也想象不到今天。

未来越难以定义，我们越要拼命追逐。怕什么真理无穷，进一寸总有进一寸的欢喜。

What decides the future is not technology, but the dreams behind technology.

决定世界未来的
不是技术，
而是技术背后的
梦想。

决定世界未来的不是技术，而是技术背后的人，是技术背后的理想、梦想和价值体系。

对美好生活的追求，对美好世界的追求，对和平、绿色、可持续的追求，是人类永远的特质，这是机器不具备的。人类要有足够的自信，是技术背后的梦想决定了未来。

如果说技术给未来带来一份礼物，那么技术背后那份用心凝结成的梦想和真挚，才是这份礼物当中最美的部分。

Persist in perseverance
and
believe in belief.

坚持坚持，
相信相信。

坚持你的坚持，相信你的相信。

阿里巴巴成立以来，我们从来没有改变过我们的梦想。我们相信电子商务，相信互联网，相信帮助年轻人、帮助小企业，就一定有未来。我们就这样一直相信，一直坚持，一直实践，走到了今天。相信因为坚持，更有力量。坚持因为相信，闪闪发光。

Make the impossible possible.

一切
不可想象
终将化为
寻常。

这是阿里人对2015年“双11”的总结。

不仅是2015年，每年的“双11”都在创造一个又一个不可想象的奇迹。

不仅是“双11”，从2002年“赚一块钱”，到2003年“一天营收100万元”，到2004年“一天盈利100万元”，到2005年“一天纳税100万元”……这些年，一代代阿里人实现了无数个这样看似不可想象的目标。

在阿里巴巴，曾经的异想天开，都将变成未来的日常。

Our journey reaches beyond
the stars and seas.

我们的
征程是
星辰大海。

这是2014年，阿里上市那年，全体员工大会的主题。

阿里巴巴的路要走102年，漫漫征途，上市不是好莱坞影片里的完美结局，而是一个充满了未知挑战的新篇章的开始。

当我们踏上征途，别去管孤单和路长，请记得一路上波澜壮阔的海和天空中闪耀的星光。

Look up to the starry sky, but keep your feet on the ground.

仰望星空，
脚踏实地。

仰望星空，看的是使命，是愿景，我们不断地用使命和愿景激励自己，不断创新，让想法像长着翅膀一样飞翔；脚踏实地，做的时候，我们一定扎扎实实，一步一步地跨过挑战。这是阿里巴巴的立身之本。

心要大，
脚要实。

Think big; work hard.

梦想要远大，目标要高，但一定要脚踏实地，否则一样走不远。从来没有不需要抵抗重力的飞翔，如果你的才华配不上梦想，脚步跟不上目光，那么所谓梦想就不过是一念幻想。

战略是
打出来的。

Strategy grows out of action.

大到一个事业群、一个部门，小到一个岗位、一个个体，在集团战略大图里的定位有多重要，是靠自己在工作中打出来的，不是靠上级leader（领导）封出来的。没有谁天生就很重要，关键是你要做得出来——做出了市场，做出了客户价值，做出了成本效率，你就是重要的。

Simple and innocent,
tough and tenacious!

很傻很天真，
又猛又持久。

“很傻很天真”，不是真傻真天真，而是指一种很纯粹的状态，是一门心思地沉浸在自己做的事情中，为客户不断创造新的价值；“又猛又持久”是在诱惑、压力下坚持使命。

Today's best performance
is tomorrow's baseline.

今天最好的
表现是明天
最低的要求。

我们身处这么一个激烈竞争、剧烈变化的行业，我们不能有丝毫懈怠的想法，必须永远追求更高、更强，不断迎接挑战，不断进步。这句鼓励自己和团队的话，既是进取的表现，也是自信的表现，相信明天会更好，相信自己能做到更好。

马上做，做精彩。

Do it now; make it wow.

一旦定下一个目标，想清楚后立刻去执行，消灭拖延现象，追求卓越的品质，过程与结果都要做到精彩。

What you have,
what you want,
and what you are willing to give up.

有什么，
要什么，
放弃什么。

每个人在自己的人生之路上都要想明白，我有什么、要什么、放弃什么。

加入阿里，也一样要问问自己这三个问题，找到自己的答案，并坚持下去。

如果在阿里，你既希望公司发展很好，待遇很好，自己的生活又能和其他人一样舒适，这是不可能的。

所谓坚持，从来就不只是那种如火焰般燃烧，让人心头一暖，咬牙奋力前进的过程，还有那些在黑魆魆的隧道里，一个人艰难奔跑的时光。

能坚持的人，在于他有多“想要”，更在于他有多“能舍”。

Yes, yes and yes!

既要，
又要，
还要。

我们是一家“既要，又要，还要”的公司。我们既要使命，又要好的业绩，还要好的过程。理想主义、现实主义、乐观主义，结合起来就是阿里巴巴。

Results without process
are worthless;
process without results
is nonsense.

没有过程的结果
是垃圾，
没有结果的过程
是放屁。

这句话，话糙理不糙。

没有过程的结果是垃圾，因为这种结果没有办法复制，是“盲人骑瞎马”撞出来的运气，昙花一现，这是垃圾。没有结果的过程是放屁，就是过程很好，最后什么结果也没有，这也不行。当然，今天我们也要一分为二地去看这句话，特别是在一些创新业务上，如何看待过程和结果的关系，需要高阶leader、对业务本身有一个比较前瞻的、长远的判断。

No surprise.

不要让人吃惊。

过程管理，是阿里工作中非常重要的一个环节。作为leader，不能在分配任务后，就放任自流，坐等结果；同学们也不应忽视过程中与主管的沟通，一味想憋个大招，一鸣惊人。

互联网行业充满变化，过程管理是帮助我们上下级之间，不断对焦对业务的认知、理解，应变化调整方向的有效手段。

如果结果让双方吃惊了，感到surprise了，那就说明过程管理出了问题。

为过程鼓掌，为结果买单。

Applaud for effort, pay for performance.

阿里巴巴是一家理想主义色彩很浓烈的公司，但是阿里巴巴又是一家非常务实的公司。阿里巴巴从第一天开始，就要绩效导向。要为过程鼓掌，为结果买单。

做正确的事，
正确地做事。

Do the right thing
in the right way.

每个阿里人，都要坚持做正确的事，正确地做事。做正确的事是战略，正确地做事是战术。

做正确的事，是指我们要始终坚持客户价值。在这条路上可能会寂寞，可能会有KPI（关键绩效指标）的压力、老板的压力，但路走对了，就不怕远。如果阿里人只是为了KPI活着，阿里走不远，也走不好。

正确地做事，是指要找到正确的做事方法，在过程中，要能够快速学习，能够影响更多的人，共同拿到结果。

Put your head down without losing sight of what's ahead.

既要
低头拉车，
也要
抬头看路。

我们做工作，在低头拉车的同时，一定要抬头看路，一定要多出去跟别人交流，要多走到年轻人、走到创业公司中去，去感知他们在发生什么，去感知这个社会在发生什么，这样才能有源源不断的创新力。

山不过来，
我过去。

If the mountain does not
come to me,
I will go to the mountain.

在追求成功的过程中，我们十有八九不会一帆风顺，一定会遇到困难、瓶颈，正如现实世界中有太多的事情就像“大山”一样，是我们无法改变的，或者至少暂时无法改变。山不过来，我过去。如果事情无法改变，我们就改变自己，找到创新的方法，去解决一个个问题。

面对“不可能”，我们最大的武器是什么？有且仅仅是，“豁出去的决心”。

If it is not hard, why do we need you?

不难，要你干吗？

在工作中，我们经常会遇到各种各样的挑战。遇到难题，不要有畏难情绪，正是因为难，我们的工作才最有价值。

因为所谓万丈深渊，下去，也是前程万里。

There will always be more solutions than problems.

方法总比困难多。

每一家公司总有大大小小的各种问题，阿里也一样，有无数的问题。面对问题，你抱怨没有用，骂骂人，你心情不好，别人心情也不好，问题也得不到解决。

大家加入阿里，就是来帮助阿里解决问题的。静下心来解决问题，方法永远比困难多。

道虽远，只要出发，就有走到终点的一天；事虽难，只要行动，就有拿到结果的时刻。

Winners find solutions.
Losers give excuses.

成功者
找方法，
失败者
找借口。

面对困难，真正的成功者永远不会去找借口。这个世界上不缺理由，不缺借口。

成功者直面挑战，并通过自己一点一滴的努力去改变现状，去克服困难。即便披荆斩棘，勿丢怒马鲜衣。当你有了这种心态的时候，有一天在事业上你会很成功，在生活中你会很快乐。

Don't complain.
Go fix it.

不要抱怨，去解决。

如果一个公司里没有问题，没有矛盾，没有遇到过灾难，那么这个公司将没有希望。

成立以来，阿里一直在飞速地成长，我们跑得那么快，一定有这样那样不对的地方，我们的工作不是complain（抱怨），而是go fix it（解决）。

我们都好像一艘小小的飞船，当有一天要离开地球的时候，不要自怨自艾，我们要做的不是一直去抚摸出厂时的那道伤痕，而是勇敢地去拥抱灿烂的宇宙。

Don't fear the winter.
Fear not being ready for it.

冬天不可怕，
可怕的是
没有准备。

任何一次灾难都是新机会的开始。危机，意味着机会就在危险之中。冬天不可怕，可怕的是没有准备。冬天来临的时候，阿里人要去帮助中小企业和创业者渡过难关。生意难做的时候，就是我们完成“让天下没有难做的生意”的使命之时。

因为没有一个冬天不可逾越，没有一个春天不会来临。

唯一不变的是变化。

Change is the only constant.

整个世界进入信息时代以后，发展得太快，竞争对手在飞速地改变，市场在飞速地改变，投资者在飞速地改变，国家、政府和人们的观念也都在改变。

什么都在变的情况下，如果一味靠自己以往的经验去适应，那是不可能的。

企业和人一样，年纪大的人总是不希望变化，年轻人总是更期待拥抱变化，我们永远在变化中求生存，求发展。

我们信奉一句话，如果你期待用变化的自由换取稳定的安逸，那么你既得不到自由，也得不到安逸。

Change before
you're forced to change.

你不改变，
就被
别人改变。

阿里巴巴最与众不同的地方，就是拥抱变化。我们与其等待被环境改变，被别人改变，还不如我们主动去创造变化。这是阿里生命力最核心的所在，是我们的DNA。

因为仅靠生存本身是不能保证生存的，发展才是生存的最好保障。

Transform yourself
or face elimination.

不淘汰自己，
就会
被别人淘汰。

阿里跟其他公司的一个最大区别可能在于，我们的价值观是进入考核的，而且我们还有一个“bottom 10”，愿赌服输，10%的淘汰率，这是很残酷的。

我们坚信，如果我们不淘汰自己，竞争对手会淘汰我们，市场会淘汰我们，社会会淘汰我们，时代会淘汰我们。

要跑赢别人，先跑过那个最快的自己吧。

If you join Alibaba,
don't expect power and money;
expect to be wronged,
misunderstood, unfortunate,
and frustrated.

加入阿里，
不承诺你
升官发财，
但承诺你一定很
委屈、冤枉、
倒霉、沮丧。

这是马老师每一次和新人交流，都会给出的建议。

大家选择阿里，一定带着美好的期待，但阿里的使命很远大，阿里人永远在做别人没有做过的东西，因此，我们在这里工作的挑战和压力也非常巨大。新同学必须对此做好准备。所以，丑话当先，我们不承诺大家会发财，会当官，但是我们承诺你一定很倒霉、很冤枉、很委屈、很沮丧、充满失败感。

但大家千万不要因为这些可能的挑战而丢失乐观的态度，变得谨小慎微，无所作为。其实，只有你大胆前行，在工作中才能克服这些委屈、冤枉、倒霉和沮丧。那时候，你一定会发现，你的工作会干得很好，自己得到了很大的成长，工作也会很开心。

生活本身有质量，时间本身有速度，它会拽着我们往前走，带着我们离开那个让人震惊的原点，继续往前走下去。只要你愿意把自己交出去，愿意面对它，克服它，你就一定能收获更好的自己。

Overcome grievances,
then you'll have a big heart.

男人的胸怀
是被冤枉
撑大的。

在工作和生活中，我们难免不被别人理解。特别是快速成长的过程，往往是一个人经历苦难最多的时候。在冤枉、委屈的磨砺中，虽然会经历很多风雨，甚至会遍体鳞伤，但最终我们得到的成长，会比付出的多很多。在逆境中成长，把冤枉、委屈、压力转化为动力，是一份宝贵的经验。

如果上天忽然关闭了一扇门，你会委屈。

把这种委屈转化成力量，让自己强大到再开一扇窗的时候，你会感激。

Speaking out doesn't
guarantee you a chance,
but there's zero chance
if you hold back your opinions.

说了
不一定有机会，
但不说
一定没机会。

这跟谈恋爱表白一个道理，有表现才会被发现，被发现才能被实现。有想法没有说出来和没有想法，在别人看来是一样的。所以当有人总说自己“怀才不遇”时，自己也要先反省一下。

进一步也能海阔天空，只是要给自己加一分豁出去的勇气而已。

Reasonable demands provide training; unreasonable demands hold your feet to the fire.

合理的要求叫作锻炼，不合理的要求叫作磨炼。

假如上级的要求很难达到，就当成锻炼或者磨炼，反正今天不过这个关，明天还得过。

我们要在自己心里，很好地去释放压力。在这个过程中，不断锻炼、磨炼自己承受压力的能力，没有什么压力是扛过不去的。

生活有时候会让我们受伤，但到后来，那些受伤的地方一定会变成我们最强壮的地方。

If you pay attention to details, you don't have to worry about your nit-picking boss.

与其抱怨老板关注细节，
不如比老板
更关注细节。

有些时候，我们不经意会抱怨老板太关注细节导致自己没有空间。其实可以反过来想想，为什么老板会关注细节呢？当对过程不可控的时候老板就会关注细节，当你不够关注细节的时候，你就会被动。记住，无论你在什么位置，是什么角色，要比你的老板更关注细节。

Feeling uncomfortable is the key to growth.

你感觉不舒服的时候，就是成长的时候。

感觉不舒服的时候，通常也是在面对自己以前没有面对过的挑战，承担自己以前不曾承担过的重任的时候。

人总是希望待在自己的舒适圈里，这种不舒服是驱动我们突破舒适圈，获得从未有过的进步和成长的良药。

因为总有一天，那些让你难过的事情，你都能笑着说出来。

Squat down so you can jump higher.

蹲下来
是为了
跳得更高。

个子越高，越是要蹲下来发力。只有谋定而后动，做好充足的准备，一鼓作气发力，才能跳得更高。

Can't fit in?
Then change yourself!

没有坑，
就先让自己
成为萝卜。

在一次内部管理分享上，有leader谈及晋升问题："晋升首先得有这么一个坑，然后你刚好优秀，适合这个坑，就可能晋升。换句话说，并不是你优秀就一定能晋升，如果没有这个坑也没用。"但同时，如果没有坑，就让自己先成为萝卜吧。是萝卜，有那个坑就是迟早的事情了。

Don't wait for an opportunity to match your skills. Develop the skills to fit the opportunity.

与其等待与能力匹配的机会，不如培养与机会匹配的能力。

机会来时，准备好了才是机会，否则是别人的机会、你的后悔。准备好了，本来不是你的机会也会被你拿到。

别等着机会从天而降，用你的能力拿着棍棒去追。

To inspire others,
you must inspire yourself first.

要驱动
别人，
先点燃
自己。

要想驱动伙伴，最好的方式是先点燃自己。只有点燃自己，你周围的伙伴、同学们才会感受到你在用什么方式工作，用什么方式在跟他们交流，你是真的在意客户，还是在有口无心地讲“客户第一很重要”。这是自驱力，是阿里这个组织非常重要的能力。

你的努力程度，决定了你将看到什么样的风景，承担什么样的责任，展现什么样的自我，活出什么样的未来。愿意点燃自己照亮同路的人，才有更多人愿意同行。

Debate thoroughly before you decide, but don't second-guess once a decision is made.

决策前
充分讨论，
决策后
坚决执行。

阿里有一个文化，不管在会议室里面大家吵得如何你死我活，一旦决定做出来，离开会议室，会议室里面的决定就是每个人的决定。哪怕你反对，这也是你的决定，哪怕这是个错误的决定，你也要把它执行到完美，执行到正确。

A wrong decision is better than no decision.

一个错误的决策比没有决策要好。

在互联网时代，一个错误的决策比没有决策要好。与其原地踏步，不如勇敢踏出第一步。不做决策，一味等在那里，才是真正的问题。

一旦做了决定，立刻go ahead（实施）。如果在执行中，发现之前的决策有问题，第一反应就是转弯，调整决策。这样的团队，一个连可以打败一个团，这就是阿里的文化。

Find not the best people but the right people.

找最合适的人，不是找最好的人。

一个有生命力的组织一定有自己的文化，这个组织需要的人才一定是和这个文化匹配的。因此，你要去找最合适的人，而不是去找最好的人。

很多公司老是想找最好的人。天下没有最好的人，最好的人一定是你培养出来的，不是从外面找来的。

心要慈，刀要快。

Be kind, but be decisive.

作为leader，在管理上，你的心要慈，刀要快。

不合适的人，要尽早开除。如果你对一个人很不满意，你既不找他谈话，要求他改进，又不开除他，这对他是最残酷的，对团队也是不负责任的。尽快地开除不合适的人，对团队和当事人都不是坏事，很多时候对他是一种帮助。

If no one but you thinks
you have it,
then you don't have it.

你自己觉得有，
别人感觉不到
你有，
你就是没有。

这是我们做绩效评估时常见的一句话。人要经常跳出来看自己，要从别人那里学会照镜子，并且要做到所思所言所行一致，这样别人所见才将趋于一致。

An overly harmonious team is in danger.

团队和谐到一定境界，就危险到一定境界。

简单、开放、透明，是阿里文化里最纯粹、最值得我们欣喜的部分。如果一个团队很和谐，一定不是一件太好的事情。正常的家庭里，夫妻天天吵架肯定不行；从来不吵架的，肯定也有问题；隔三岔五吵一吵，日子才能过得好。这是因为相互间的亲密和欣然，让直接、简单的沟通成为可能。所以，有话就说。

如果一个团队和谐到一定程度，也就意味着这个团队如一潭死水，很难掀起波澜了。

The biggest problem is seeing no problem.

看不出问题就是最大的问题。

每一个组织都不可能存在完美的状态，实际上存在的问题远远比我们看到的还要多。要有辨别力，看得出问题。

没有危机感，就是最大的危机。

Fix the roof when the sun is shining.

阳光灿烂的时候修屋顶。

公司在形势最好的时候、业绩最好的时候、利润最好的时候、士气最好的时候，必须改革。一定要在阳光灿烂的时候修屋顶，千万不要在下雨、下暴雪的时候，再跑到屋顶上去修一修，那样很可能就摔死在屋顶上了。形势不好的时候，你要非常之小心，该裁撤的裁撤，该退缩的时候退缩。但是绝对不要丢掉自己的理想主义，退缩不等于丢失理想。

保持敬畏，才能走得更远。

虚事实做，
实事虚做。

Realize mission by taking action.
Take action guided by mission.

使命感、价值观是虚的，虚的要实做，必须要考核，一个个地评估。只有经过这样的实，我们才能够提炼出对文化、对组织的认识。

实事虚做，指导“实”的，永远是“虚”的东西，不是为了KPI而KPI，业务背后是使命。

借假修真，
借事修人。

Your work is a journey to self-discovery and improvement.

人生就是一个“借假修真”的过程。做业务、做产品，这些其实是“假”，我们的主要目的是让自己更加强大，让自己更加与众不同，修炼自己的“真”。

“借事修人”，就是在用的过程中养人，在养的过程中用人。比如，每一次开会、每一次讨论事情的时候，并不只是在开一个业务会议，这同时也是一个修炼人的过程。在打仗的过程中，借事修人，借这场仗来修炼自己的内功。

因为信任，所以简单。

Trust makes everything simple.

因为阿里人之间互相信任，没有那么多顾虑、猜忌，很多问题就会变得简单，事情推进起来就会变得十分顺畅。假如人与人之间不信任的话，做任何事情都会产生各种各样的怀疑，人和人之间的关系就会变得很复杂，工作也就很难推进。

你复杂，世界便复杂；你简单，世界便也简单了。很多事情，只是因为信任，便会呈现出另一番景象。

"Be yourself" means
"stay true to yourself".

做自己
就是成为你
真实的
自己。

你无法假装不做自己。你假装不做自己的话，就一直要维持某一种虚假的形象。这就会特别累，特别消耗心力，把自己的能量消耗在一连串无意义的纠结和痛苦中。

在阿里，要勇敢地做自己。这对新同学而言，是不容易的。来到一个新环境，他不了解大家，大家也都不了解他，可能还有很多质疑。在这种情况下，坦坦荡荡地做自己，是骡子是马，拉出来遛遛，其实是安全的。

什么样的能量才能支撑一个人走向更大的世界，哪怕要遭遇低谷和迷茫？

从来都是强大的内心，对自己最笃定的相信。就像一艘船航行在海上，它只管向前航行，底下是沉静碧蓝的大海，而头顶洒着金色的阳光。

Be authentic, not pretentious.

真实不装。

在阿里，真实不装是很重要的。加入阿里，你就记住一点，做真实的自己，带着理想去做。我们在阿里会遇到很多种状况，请坚持内心的坦荡，用真实的自己去面对，因为只有真实，才经得起推敲。

直言有讳。

**Speak your mind
but show respect.**

直言，是阿里人对事情的态度；有讳，是阿里人对同事讲话的方式。事得好好做，话当然也得好好说。畅所欲言的内网、各种沟通渠道，营造了阿里自由、开放的言论氛围。我们鼓励大家正视问题，并带着积极的心态去解决问题，但不希望大家带着情绪胡乱放炮，冷语伤人。

你待世界以温柔，世界也会回馈以温柔。

Be transparent even if it exposes problems.

哪怕是毒草，也要长在阳光下。

这是内网“阿里味儿”上线的时候，时任首席人才官彭蕾提出的期待和要求。

我们希望，阿里味儿能够长成一个“哪怕是毒草也要长在阳光下，长在雨露中”的一个平台。所以，除了触犯国家法律法规，或者涉及宗教和政治话题的内容，阿里味儿决不删帖，决不屏蔽关键字。即使有丑陋的东西，我们也主张讨论、争辩。只有这样，我们每个人看问题的角度才会更客观、更全面，大家对文化的理解、工作的能力才会得到有效提升。靠屏蔽、封杀，是出不来真正有思想的同学和团队的。这些是我们非常坚持的原则，一直坚持到现在。

Well-meaning people
get together
to do meaningful things.

一群有情有义
的人在一起
做一件有价值、
有意义的事。

情，包括小情和大情。小情是兄弟情谊，大情是我们对未来、对客户的责任。我们不能只沉浸在小情中，如果只有小情，没有大情的强有力支撑，整个组织会失去方向。

义，是我们的规矩、体系、制度、方法。

价值，分为近期价值和远期使命，是给别人创造了什么，给自己留下了什么。

有意义，是这个时代因为我们这群人而有所不同。

一群有情有义的人，在一起做一件有价值、有意义的事。热血洒向的地方，青春都不会落幕。

Extraordinary people cannot achieve extraordinary things unless they have humility of ordinary people.

非凡人，平常心，非凡事。

“非凡人”并不意味着，你就很牛，还是要保持“平常心”。自己得随身带一把“梯子”，人家把你往上架的时候，自己能够找到路，能够溜下来。

我们今天所做的一切，不是为了证明自己，而是真的为客户带来价值，为这个社会带来价值，用分享的心去做事。

这是我们眼里的“非凡事”。

做更好的自己。

Be your best.

常常听到人说，“公司怎么样怎么样”“组织上怎么样怎么样”。谁是公司，谁是组织？公司就是我们大家，每个人都是组织。阿里的发展和同学们的发展也是在一起的。

每一个不曾起舞的日子，都是对生命的辜负。给时光以生命，勿给生命以时光。

用时光沉淀出更好的自己，我们一起共同成就生生不息的阿里。

Everyone should have a dream,
what if it is realized?

梦想还是要有的，万一实现了呢？

1999年，没有多少人相信阿里巴巴能够成功，没有多少人相信电子商务在中国有未来。但是，我们从来没有放弃自己的梦想，坚持乐观地看待明天，看待未来，努力地抓住每一次变革的机会，去为客户创造更多更大的价值。

“梦想还是要有的，万一实现了呢？”这是2014年阿里巴巴赴美上市时的slogan（口号）。上市，不是梦想的终点，而是新的、更大更美好的梦想的开始。

有梦想的人，从来不去纠结是否能够成功，因为既然选择了远方，便只顾风雨兼程。

Today is difficult, tomorrow will be more difficult, but the day after tomorrow will be beautiful. Most people die tomorrow evening.

今天很残酷，
明天更残酷，
后天很美好，
但是绝大部分人
死在明天晚上，
看不到后天的太阳。

人们遇到危机的时候，往往都会认为当下这一次是最严峻的。但事实上，你不知道明天会发生什么事情，明天的挑战会不会更加严峻。今天很残酷，明天更残酷，后天很美好，但是绝大部分人死在明天晚上，只有真正的英雄才能看到后天早上的太阳。Get ready for it（做好准备），阿里人要成为真正的英雄。

风可以吹起一张白纸，却无法吹起一只蝴蝶，因为生命的力量在于不屈从。

Last man standing

最后一个站着的人

在最艰难的时候，当周围的人一个个倒下的时候，你还咬牙坚持着，你还活着，你就是英雄。Be the last man standing（成为最后一个站着的人）。

I don't mind falling down
for the 100th time,
as long as I stand up for
the 101st time.

即使跌倒一百次，
我也可以
第一百零一次
站起来。

在人的主观世界和客观世界之间有一条沟，掉进去了，叫挫折，爬出来了，叫成长。

成长无所谓好坏，但每成长一次，你的世界便大了一分。

失败并不可怕，关键是要有面对失败的勇气，从失败中总结教训的智慧，以及重新站起来的坚持。

Learn to warm your right hand with the left one.

学会用左手温暖右手。

这个世界上，谁都不容易。我们要学会用左手温暖右手，让自己开心一点，be happy and positive（开心快乐，积极向上）。

在痛苦的时候，没有人可以帮你，只有你自己能帮自己。这个公司里面讲究心力。心力是什么？心力，某种意义上，就是抗击打能力。你一次次地失败，再一次次地带着乐观重新来过，这就是阿里人。

没错，有些笑容背后，藏着一个不服输的灵魂。

Never, never, never give up!

永远，永远，永远不要放弃！

在二战最艰难的时候，英国首相丘吉尔在一次全国广播中，就讲了一句话："Never, never, never give up!"（永远，永远，永远不要放弃！）这句话给了当时的英国人民极大的鼓舞。

从中国黄页、国富通到阿里巴巴，从单一的电商业务到今天数字经济体业务的丰富展开，我们经历了许许多多挑战和挫折，但阿里人永远像丘吉尔激励英国人民那样激励自己，"永不放弃"。

就算结果不如人所愿，也要在尘埃落定前再奋力一搏。

世间万物都是有限的，可是仍有一种东西是无限的，那就是可能性。

Never give up and you'll shine.
Where there is light,
there is a way.

决不放弃，
就会发光；
若有光芒，
必有远方。

是金子，在哪里都会发光。如果暂时还未发光，那么你需要的是坚持。只要不放弃，你总有机会发光。

若有光芒，必有远方。认真努力，做自己感兴趣的事情，不要总是去跟别人做比较，即便过程中不断遭遇失败，仍然相信其中有机会，一直坚持下去。不辜负选择，不辜负自己，不辜负时光，远方便不会搁浅于来途之中。

Your job is as big as your ambition.

心有多大，舞台就有多大。

这句话真正的含义是，你的责任心有多大，你的舞台就有多大。你愿意为一个人担当，你就是自己；你愿意为十个人担当，你就是经理；你愿意为公司担当，愿意为天下人担当，你的舞台一定会更大。所以，责任心才是关键。

同时，阿里要有全球视野，要有为人类社会创造价值的胸怀。只有这样，有一天，我们才有可能成为真正为人类社会做出巨大贡献的公司。

认真生活，快乐工作。

Live seriously; work happily.

阿里人要认真生活，快乐工作。

你要在工作中找到自己的梦想和公司使命的连接，只有为梦想、为使命工作，才能每天笑眯眯地来上班，再开开心心地把笑容带回家。工作中，你一定会感到这样那样的不舒服，这时候没有人会把你的心打开。你要学会自己打开自己的心，找到自己的快乐。

生活要认真对待，要学会生活。阿里人既要能漂漂亮亮地工作，也要能漂漂亮亮地玩耍。同时，你在阿里工作，意味着一家人巨大的付出。我们不一定有足够的时间陪伴家人，但我们一定要想办法提高陪伴的质量，承担起在家中的责任。

Dedicated people have halos.

认真的人
自带
光芒。

一个活得很努力、很认真的人，自带万丈光芒；一个人认真的样子，比任何时候都要美好；一个人能够自律自控，他的人生也就成功了大半。世间每一种美好，从来都只为懂得努力认真的人盛装而来。

Passion can be expressed loudly or quietly.

慷慨激扬
是激情，
深水静流
也是激情。

阿里人特别有激情，但没有说某种方式的激情一定是对的，某种方式的激情一定是错的。指点江山、慷慨激扬是激情，深水静流也是激情。有些踏踏实实工作的同学，很少表现得张扬，你能说他没有激情吗?

江河或气势磅礴，或安然无声，却都川流不息汇入大海。

Don't take yourself
too seriously,
but don't hide yourself.

不要把自己
太当回事儿，
也别把自己
太不当回事儿。

谦虚地对待自己的优势，自信地正视自己的弱势。要学会放下，但同时不能太小看自己。

翅膀长在自己的肩上，太自负以为能克服重力和风力，很难飞得高；但太在乎别人对于飞行姿势的批评，便也飞不起来了。

Be diligent at work;
be generous to people.

认真做事，
大度做人。

不可能每个人对你的评价都是好的，你一定会有委屈的时候、遭遇不公平的时候。你要选择一点——始终相信公司、相信伙伴，相信他们的眼光是公正公平的。

人的能量是守恒的，你花在别人对自己的评价、花在人际关系上的能量多了，那么花在事情上的能量就少了。阿里哪有那么多潜规则，你需要找人聊一聊，加深了解，那就找他吃个饭、洗个脚都可以。形式不重要，真诚才重要。

爱，是
做出来的。

Love, you have to make it.

这句话是马老师在2010年的集体婚礼上留下的金句——

作为证婚人，我想告诉大家，我这个证婚人的合同期是90年。

“90年以内，谁都不能改，想清楚了没有？爱是做出来的，我们需要的不仅仅是承诺，还需要行动，从今天晚上开始。”

2011年，他又结合阿里巴巴的价值观对这句话做了衍生解释。第一条：客户第一。永远坚持你的另一半第一，你幸福就是我幸福。第二条：团队合作。婚姻是两个人的事情，不要埋怨对方，而是检查自己。第三条：诚信。假如你们两人之间没有信任，那么永远走不久，走不长。第四条：敬业。坚持到底，爱他了，就不要说他不好，就坚持一个他吧。第五条：激情。从激情到爱情，再从爱情变亲情，这才是婚姻的最高境界。最后一点，拥抱变化。什么事情都可能发生，但是永远用积极、乐观的心态看待它，只有阳光的心态才能面对挑战。执子之手，与子偕老。选择了就永远不要退缩，往前走下去。

Together, we burn like a bonfire.
Separated,
we glow like stars at night.

聚是一团火，
散是满天星。

阿里人聚在一起，凝聚力非常强，就像一团熊熊燃烧的烈火；大家分散各方时又像满天的星光，璀璨星际，各自散发着光芒，依然美丽动人。

You can leave money on the table but can't abandon trust.

宝可不淘，
信不能弃。

这是金庸先生2004年造访淘宝后，留给阿里的墨宝。先生是这么说的，阿里也一直是这么做的。诚信，阿里人视若生命。

Real heroes say no to temptation.

面对诱惑
说 NO，
是真英雄。

世界上有两种英雄：一种是在危机来临时，突然站出来，力挽狂澜，这是英雄；另外一种是在巨大的利益诱惑面前说No，这是真英雄。

倒立者赢。

Winners are those who see the world differently.

落后的时候，倒立着思考问题，或许就能打开新局面。成功的时候，倒立着看清实质，或许就能发现那些被屏蔽着的不足。倒立并不是一件简单的事情，非但需要有足够的手劲，还要有坚韧的毅力，让你的血液沸腾，一切变得更有激情！

When everything is ready,
it is already too late.

当一切事情
都准备好了
就太迟了。

许多人浪费了整整一生去等待符合他们心愿的机会。

对有志于创新创造的人来说，当所有的事情都准备好了，一切就太迟了。创业者就是要在一切都未就绪的时候去做事情。如果什么事情都准备好了，阿里就不会成功了。

The sky is the limit.

未来
只有天空
才是我们的
极限。

最美好的未来，在年轻人的眼里。

在年轻人的眼里，昨天的成功就是今天要忘记的过去。我们有足够的聪明和勇气，去不断地抛弃自己，又重新生长出来。

在年轻人的眼里，未来永远那么美好，没有什么不可想象。我们乐观、充满了创意，去把想象力的肆意化作现实的美好。

从湖畔花园一间民房开始，一代又一代阿里青年，用自己的双手，摹画着阿里发展的青春范本。

最美好的时代，正从我们的眼里诞生。我们相信这个世界会更好，因为未来将由我们来创造。

我们要去探险，要看到宇宙的疆界，也要永远看不到宇宙的疆界。

未来，天空才是我们的极限！

This is the Answers of Aliren!

（这是阿里人的答案！）

This is Alibaba!

（这就是阿里巴巴！）

结语

有人说，在阿里就像在游戏世界里打怪升级。

我们跨过草原、攀上雪山，经历各种意想不到的艰难险阻，就是为了寻找那个装着五彩斑斓梦想的宝盒。

这些朴素的阿里土话，是一代代阿里人在面对各种挑战时，用热爱、用智慧、用努力，磨砺出的答案—— The Answers of Aliren，也是解开这个梦想宝盒的钥匙。无论在这条路上遇到暴风雪还是彩虹，请记得阿里人的答案，保管好这把珍贵的钥匙，不断向前， 朝着梦想出发。

愿你历经山河，觉得人间值得。

使用指南

如果你对未来充满憧憬，又心怀犹疑；

如果你面对挑战斗志满满，又偶有畏惧；

如果你在挫折中满心沮丧，又奋力向上；

如果……

你都可以来这里寻找答案：

1 双手捧起书，放在胸前。

2 默想你心中的问题。例如：“怎样才能成为更好的自己？”“有一个全新的解题思路，风险不小，收获可能很大，该不该尝试一下？”“方案过了十次，还没有通过，到底该怎么办？”……

3 闭上眼睛，深呼吸，然后翻开书，睁眼看看这一页的土话——是不是有一种豁然开朗的感觉?

所有的问题，这本书都能给你答案，如果没有找到，就再问一次。